Nest

gan Mererid Hopwood

www.peniarth.cymru

© Y testun: Mererid Hopwood, 2017.
© Y dylunio: Canolfan Peniarth,
Prifysgol Cymru Y Drindod Dewi Sant, 2017.

Darluniwyd gan Rhiannon Sparks.

Cyhoeddwyd yn 2017 gan Ganolfan Peniarth.

Mae Prifysgol Cymru Y Drindod Dewi Sant yn datgan ei hawl foesol o dan Ddeddf Hawlfraint, Dyluniadau a Phatentau 1988 i gael ei hadnabod fel awdur a darlunydd y gwaith hwn.

Castell Caeriw heddiw

Mae ein stori ni'n dechrau draw yng Nghastell Caeriw yn Sir Benfro. Dim ond olion sydd i'w gweld heddiw.

Ond tybed allwch chi ddychmygu'r hen gastell yn newydd sbon?

Allwch chi ddychmygu baneri yn cyhwfan yn y gwynt a phobl yn gweithio'n brysur yno?

Mae rhai'n glanhau, eraill yn coginio, rhai'n gwarchod y tyrau, a rhai'n hogi eu harfau. Ie, arfau! Oherwydd roedd hwn yn gyfnod peryglus yng Nghymru a phobl yn rhy barod i ymladd yn erbyn ei gilydd.

Gerald Fitzwalter sydd wedi adeiladu'r castell hwn, ac roedd e'n falch iawn ohono. Enw arall ar Gerald Fitzwalter yw

1

Gerald de Windsor, ac mae e'n un o'r Normaniaid sy'n ceisio concro Cymru.

Yn un o ystafelloedd y castell, mae'r Dywysoges Nest yn eistedd gyda'i morwyn, Meinir …

"A dyma fi. Nest. Nest, merch y Brenin Rhys ap Tewdwr, Brenin De Cymru gyfan."

Roedd Nest yn edrych ar ei hadlewyrchiad mewn drych. Tu ôl iddi safai Meinir, ei morwyn. Roedd Meinir wedi bod yn cribo gwallt Nest a nawr roedd hi wedi dechrau ei glymu'n dwt.

Roedd Nest a Meinir yn ffrindiau ac yn treulio oriau hir yng nghwmni ei gilydd. Er bod Nest yn hoffi gwisgo'n hardd ac edrych yn dlws, roedd yn gas ganddi gael ei gwallt wedi ei glymu. Roedd yn llawer gwell ganddi adael ei gwallt yn hir ac yn llac am ei hysgwyddau.

"O! Oes rhaid i ti glymu fy ngwallt?" cwynodd Nest wrth Meinir.

"Dywysoges Nest!" atebodd Meinir, "Rwyt ti'n gwybod dy fod ti'n enwog drwy'r wlad am fod yn dywysoges hardd! Mae dy ŵr di, Gerald de Windsor, yn dweud o hyd fod rhaid i ti wisgo fel tywysoges a byw fel tywysoges. Does dim dewis felly, Nest! Mae'n rhaid gwneud yn siŵr fod dy wallt yn dwt a thaclus. Mae'n rhaid i bob blewyn fod yn ei le."

"Twt! Gerald, wir!" meddai Nest yn ddiamynedd.

Doedd Nest ddim wedi dewis priodi ei gŵr. Harri I, Brenin Lloegr, oedd wedi trefnu ei bod hi'n priodi Gerald yn y gobaith y byddai'r briodas yn helpu'r Cymry a'r Normaniaid i ddod yn ffrindiau. Er bod Nest yn edrych yn ddigon hapus ei byd gyda Gerald, weithiau byddai hi'n teimlo'n grac am hyn.

Dan reolaeth y Normaniaid

Clawdd Offa

Ffin heddiw

Pe byddai rhywun wedi gofyn i Nest, byddai wedi dweud ei bod hi'n credu bod yn well gan Gerald ei gestyll na'i deulu, a'i fod yn poeni mwy am ei dir nac amdani hi!

Fel soniais i, roedd Nest yn byw mewn cyfnod llawn helbul. Roedd y Normaniaid wedi dod i Brydain yn 1066 ac wedi wedi concro Lloegr yn gyflym. Ar y cychwyn, doedden nhw ddim wedi llwyddo i ennill tiroedd y Cymry, ond yn ddiweddar, roedden nhw wedi dechrau symud ymlaen i'r gorllewin. Roedden nhw'n benderfynol o ddwyn tir Cymru hefyd.

Roedd Harri wedi gobeithio y byddai priodas rhwng Nest, tywysoges Gymreig, a Gerald de Windsor, un o'r Normaniaid, yn perswadio'r Cymry i roi'r gorau i'w brwydro. Ond doedd ei gynllun ddim wedi gweithio, ac roedd y brwydro'n parhau.

Erbyn hyn, roedd Meinir wedi gorffen trin gwallt Nest. A'i llygaid yn llawn tristwch, trodd Nest at Meinir a gafael yn ei dwylo'n dynn, gan ddweud:

"Mae ofn arna' i, Meinir. Roedd sŵn mawr eto neithiwr. Roedd y milwyr yn ymladd. Glywaist ti'r gweiddi?"

Ddywedodd Meinir ddim byd, dim ond edrych yn drist ar Nest. Roedd Nest yn gwybod yn iawn fod Meinir wedi clywed y gweiddi. Roedd hi'n gwybod hefyd fod ofn ar Meinir.

Cododd Nest a mentro i gyfeiriad yr hollt yn y wal a oedd yn gadael ychydig o olau i mewn i'r ystafell dywyll. Mewn llais tawel, sibrydodd:

"Roedd waliau'r castell yn crynu!"

Rhedodd 'nôl at Meinir a gofyn: "Wyt ti'n meddwl y bydd rhaid i ni ddianc eto?"

Heb godi ei llygaid, atebodd Meinir:

"Bydd, Nest, bydd rhaid i ni fynd o Gastell Caeriw cyn bo hir. Rwy' wedi pacio popeth yn barod - rhag ofn!"

Roedd Nest wedi cael llond bol ar ddianc. Sawl gwaith roedd hi a'i theulu wedi gorfod dianc? Dianc! Dianc! Dianc!

Fyth ers i'w thad gael ei ladd yn y frwydr yn Aberhonddu yn 1093, roedd bywyd Nest wedi bod yn anodd iawn.

Pan fyddai hi'n gorwedd yn ei gwely yn y nos, byddai hi'n cofio am y tro y cafodd hi ei chipio gan elynion ei thad.

Roedd hi'n cofio'r sŵn mawr yn y castell. Roedd hi'n cofio sŵn traed yn rhuthro i'w hystafell. Roedd hi'n cofio bod rhywun wedi taflu sach dros ei phen ac yna wedi'i llusgo hi allan a'i chipio i rywle dirgel.

Roedd hi'n cofio ceisio ymladd yn ôl a gweiddi am help.

Ac roedd hi'n cofio cael ei chloi mewn castell dieithr.

Byddai hi'n gwneud ei gorau glas i anghofio'r holl beth, ond pan fyddai'r nos yn dod, roedd hi'n anodd anghofio. Dyna pam roedd hi'n falch o gael cwmni Meinir.

"Ches i ddim dod allan o'r ystafell am amser maith …"

"Nest!" meddai Meinir. "Dyna ddigon! Does dim pwrpas o gwbl i ti feddwl am y noson honno o hyd ac o hyd!"

"Ond Meinir!" meddai Nest. "Doeddwn i ddim yn credu y byddwn i'n gweld fy nheulu fyth eto."

"Mae'n rhaid i ti beidio â hel meddyliau cas, Nest. Mae hi bron
yn Nadolig. Gad i ni feddwl am hynny. Gad i ni fod yn llawen!"

"Rwyt ti yn llygad dy le, Meinir. Mae meddyliau cas yn creu
mwy o feddyliau cas."

Er mwyn codi calon Nest, meddai Meinir:

"Wyt ti'n cofio byw yng Nghastell Penfro? Roedd golygfeydd
braf o'r castell hwnnw. Roedd y plant wrth eu bodd yn gweld
y cychod yn dod ar hyd Afon Cleddau ac i mewn i dref Penfro."

"Rwyt ti'n iawn," atebodd Nest. "Ac wedyn, bu'n rhaid i ni adael
Penfro yn gyflym i ddod yma i Gastell Caeriw. Dyna i gyd
mae Gerald a'r Normaniaid yn ei wneud - codi cestyll! Castell
Caeriw, Castell Penfro, Castell Cenarth Bychan. Rwy'n siŵr fod
mwy o gestyll yng Nghymru nag yn unrhyw wlad arall drwy'r
byd!"

"Ond mae'r castell yma hefyd wedi bod yn lle braf i fyw ynddo.
Ac mae'r tŵr o garreg cadarn yn ddigon o ryfeddod. Mae
pawb drwy'r wlad yn canmol y tŵr."

"Twt! Tŵr o garreg, wir! Does dim unrhyw dŵr yn ddigon
cryf i'n cadw ni'n ddiogel. A fory, cei di weld, bydd rhaid i ni
ddianc eto. Clywais i mai i Gastell Cenarth Bychan y bydd
rhaid i ni fynd y tro yma … Dianc! Dianc! Dianc!"

Trodd Nest unwaith eto i edrych ar Meinir a holi:

"Pam na all y Cymry a'r Normaniaid fod yn ffrindiau? Mae'n
anodd bod yn ferch i Gymro ac yn wraig i un o'r Normaniaid."

Ddywedodd Meinir ddim byd, ond yn ei chalon, roedd hi
hefyd yn gofyn cwestiwn. Y cwestiwn yr oedd hi'n ei ofyn

oedd hwn: 'Pam mae'n rhaid i'r Normaniaid geisio dwyn tir y Cymry?' Doedd Meinir ddim yn meddwl bod hynny'n deg o gwbl.

Wedi i'r haul fachlud y noson honno, symudodd pawb - Gerald de Windsor, y Dywysoges Nest a Meinir a'r plant i gyd - i Gastell Cenarth Bychan.

Cafodd y plant siars i beidio â gwneud yr un smic! Dim siw na miw! Roedd rhaid iddyn nhw fod mor dawel â phosibl er mwyn peidio â thynnu sylw neb.

Roedd hi'n oer iawn a gwynt y nos yn brathu. Gallai Nest weld holl sêr y nos yn wincio, ac er mwyn cadw'r plant yn dawel, sibrydodd Nest stori wrthyn nhw am ferch dlos o'r enw Olwen oedd yn byw mewn neuadd fawr yng Ngwlad y Sêr. Lle bynnag byddai Olwen yn mynd, byddai seren newydd yn cael ei geni o dan ei throed. Pan fyddai Olwen yn hapus, byddai hi'n dawnsio drwy'r awyr ddu, a lle bynnag byddai hi'n dawnsio, byddai cannoedd o sêr bach newydd yn ymddangos. Ar noson oer o Ragfyr fel hyn, roedd hi'n amlwg fod Olwen wedi bod yn dawnsio am oriau.

Roedd Nest a Meinir wedi lapio pawb mewn blancedi brethyn cynnes, a rhwng stori Nest a chanu tawel Meinir, syrthiodd y plant lleiaf i gysgu'n drwm.

O! Roedd Nest yn gobeithio y byddai'r teulu i gyd o'r diwedd yn ddiogel yng Nghenarth Bychan, ymhell o sŵn yr ymladd.

Ac felly y bu. Pan ddeffrodd y plant yn y bore, roedden nhw yn eu cartref newydd. Y tro yma, Afon Teifi oedd i'w gweld yn llifo ger y castell. Roedd Afon Teifi'n afon braf, ac o'r castell roeddech chi'n gallu clywed y dŵr oer yn murmur yn araf tua'r môr mawr.

Yn fuan wedi symud i Genarth Bychan, daeth cais gan Dywysog Powys, dyn o'r enw Owain ap Cadwgan. Un o arweinwyr enwog y Cymry oedd Owain ap Cadwgan, ac anfonodd neges at Nest a Gerald yn dweud y byddai'n hoffi galw yn y castell i ymweld â nhw. Gan fod Owain yn perthyn i Nest, roedd pawb yn falch iawn o roi gwahoddiad iddo fe a'i gyfeillion i ddod i fwynhau gwledd yn eu cwmni.

Roedd Nest wrth ei bodd! O'r diwedd, dyma rywbeth i godi calon pawb. Gwledd!

Trefnodd Nest y wledd gyda chogydd y castell. Archebodd

fwydydd o bob math a gofynnodd i fardd a thelynor greu caneuon arbennig i groesawu Owain.

Yn anffodus, doedd Owain ap Cadwgan ddim wedi dweud yn union pam roedd e eisiau dod i'r castell!

Ry'ch chi'n gweld, fel pawb drwy Gymru, roedd Owain ap Cadwgan wedi clywed am harddwch Nest, ac roedd e'n breuddwydio amdani ers misoedd lawer. Doedd e ddim eisiau dod i gwrdd â Gerald de Windsor o gwbl! Ei gynllun e oedd cael gweld Nest â'i lygaid ei hun a'i chipio hi oddi ar Gerald!

Roedd popeth yn barod. Y byrddau'n llawn danteithion a'r castell yn edrych ar ei orau. Cyrhaeddodd Owain gyda thua phedwar ar ddeg o'i ddynion ac roedd Gerald a Nest yn fawr eu croeso. Edrychodd Owain ar Nest a sylweddoli mai gwir oedd y sôn amdani. Nid oedd erioed wedi gweld neb mor hardd yn ei fywyd. Roedd e'n benderfynol o'i chipio hi!

"Pam dylai Norman gael Cymraes mor hardd yn wraig iddo?" meddyliodd Owain yn gacwn wyllt.

Wedi bwyta, eisteddodd pawb o gylch y tân mawr a gwrando ar gerddi'r beirdd. Roedd Nest ar ben ei digon.

O'r diwedd, daeth hi'n amser mynd i gysgu, a fesul un aeth pawb i'w llofftydd.

Ond doedd Owain ap Cadwgan ddim yn bwriadu mynd i gysgu o gwbl …

Arhosodd nes bod y castell yn dawel, dawel. Yna, a hithau'n dywyll fel bol buwch, dringodd Owain a'i ddynion waliau'r castell i gyfeiriad llofft Nest, a chynnau tân mawr drwy'r

castell i gyd.

Dyna beth oedd panig! Rhuthrodd pawb i bob cyfeiriad!

Roedd y gweision a'r morynion, y cŵn a'r cathod, yr ystlumod a'r llwynogod, pob llygoden fach a mawr, a holl deulu'r castell yn udo ac yn sgrechian.

Yng nghanol y panig, cafodd Nest syniad! Yng nghornel ei llofft, roedd tŷ bach a phiben fawr yn arwain bob cam o dop y castell i'r llawr tu allan. Gwthiodd Nest ei gŵr drwy'r biben ac allan o olwg Owain!

Roedd tipyn o ddrewdod ym mhiben y tŷ bach, ond o leiaf roedd Gerald yn ddiogel!

Gwaeddodd Nest ar y milwyr, "Does dim pwrpas i chi ddod ymhellach, mae Gerald wedi dianc!"

Ond yr eiliad honno, pwy ddaeth i mewn at Nest ond Owain ei hun! Heb oedi dim, cydiodd Owain yn Nest a'i dwyn yn ei freichiau allan o'r castell a thrwy'r nos ddu ac ymhell o olwg Cenarth Bychan.

Pan sylweddolodd Gerald de Windsor beth oedd wedi digwydd, roedd e'n gynddeiriog!

Gallwch chi ddychmygu, mae'n siŵr, fod y brwydro rhwng y Normaniaid a'r Cymry wedi troi'n fwy ffyrnig fyth. Yn y diwedd, bu'n rhaid i Owain ddianc am ei fywyd i Iwerddon. Pan ddaeth e 'nôl, cafodd ei herwgipio gan filwyr Fflemaidd dan arweiniad Gerald. Roedd y milwyr hyn yn ymladdwyr bwa a saeth penigamp, a lladdwyd Owain yn ddiseremoni.

Does neb yn siŵr pryd bu farw Gerald, ond symudodd Nest i fyw at Siryf Penfro, William Hait, cyn priodi Steffan, Cwnstabl Ceredigion.

Does neb yn gwbl sicr pryd bu farw Nest chwaith, ond mae'n debyg mai tua 1136 roedd hyn.

Ac mae rhai'n dweud bod ei hysbryd hi'n dal i gerdded drwy adfeilion Castell Caeriw hyd y dydd heddiw.

Un peth sy'n sicr, un o wyrion enwocaf Nest oedd bachgen o'r enw Gerallt. Tyfodd Gerallt i fod yn ddyn pwysig iawn yng Nghymru, a theithiodd drwy'r wlad i gyd gan gofnodi llawer o hanesion am Gymru mewn llyfr o'r enw 'Itinerarium Cambriae', neu 'Taith drwy Gymru'. Heddiw ry'n ni'n ei adnabod fel 'Giraldus Cambrensis', neu 'Gerallt Gymro'.

Fel ei fam-gu, Nest, roedd e'n gallu siarad Cymraeg a Normaneg, sef iaith debyg iawn i Ffrangeg. Ond yn Lladin yr ysgrifennodd ei lyfr enwog. Gallwn ni ddysgu llawer am Gymru drwy ddarllen llyfr Gerallt.

Mae'r llyfr hwn yn rhan o gyfres 'Teithio'n ôl i'r Oesoedd Canol, sy'n cynnwys …

Cestyll ISBN 978-1-78390-101-2

Llyfr tywys y dysgwyr

Stori

Cardiau llun

Llyfr yr Athrawon

Taith rithwir

Enwogion ISBN 978-1-78390-100-5

Llyfr tywys y dysgwyr

Stori

Cardiau llun

Llyfr yr Athrawon

Clipiau ffilm actorion